SUMÁRIO

01   Conheça a linguagem simples

02   Consolidação e crescimento da linguagem simples no Brasil

03   Como a utilizar?

04   A importância da sua aplicabilidade

05   A linguagem simples e o mundo jurídico

06   Referências bibliográficas

Prefácio

A complexidade da comunicação em setores como o jurídico, governamental e corporativo não é uma novidade. Historicamente, o direito e a administração pública usaram uma linguagem técnica e formal para garantir precisão e autoridade. Desde a Roma Antiga, as leis eram redigidas de forma a assegurar o controle e o rigor da interpretação, consolidando o poder nas mãos de uma elite capaz de decifrar o vocabulário especializado. A Revolução Industrial intensificou essa prática: à medida que o mundo se tornava mais interconectado e burocrático, a linguagem técnica se expandiu, transformando-se em uma barreira que afastava a população da compreensão plena de seus direitos e deveres.

Durante o século XVIII, com o movimento iluminista e a ascensão de valores como igualdade e liberdade, começaram a surgir os primeiros questionamentos sobre o papel excludente da linguagem formal. Juristas e filósofos passaram a defender que o acesso ao conhecimento e à justiça era um direito fundamental. Mas, ainda assim, o sistema legal e governamental permaneceu fiel a um vocabulário complexo, e a luta por uma comunicação mais acessível continuou ao longo dos séculos.

No entanto, o século XX trouxe consigo mudanças significativas: movimentos civis nas décadas de 1960 e 1970 nos Estados Unidos, por exemplo, pressionaram o governo e instituições privadas a adotarem uma comunicação mais transparente e inclusiva. Foi nesse contexto que a linguagem simples começou a ser valorizada como uma ferramenta de acessibilidade e cidadania, inicialmente aplicada em documentos governamentais e, posteriormente, expandindo-se para o direito e o setor corporativo. O movimento pela linguagem clara ganhou fôlego, consolidando-se em países como Estados Unidos, Reino Unido e Canadá, onde diretrizes de "plain language" foram criadas para facilitar o acesso dos cidadãos a informações essenciais.

Hoje, na era digital, a informação circula com uma velocidade sem precedentes e a necessidade de uma linguagem clara e acessível se torna ainda mais urgente. Em um mundo onde decisões são tomadas em segundos, qualquer comunicação que dificulte a compreensão cria obstáculos ao exercício da cidadania e ao acesso à justiça. É nesse cenário que a linguagem simples se destaca, não apenas como uma técnica de simplificação do texto, mas como um movimento de democratização do conhecimento, garantindo que todas as pessoas, independentemente de suas origens ou níveis educacionais, possam entender informações fundamentais para suas vidas.

Este livro tem como propósito explorar profundamente os princípios e práticas da linguagem simples, demonstrando como ela pode ser aplicada em diferentes contextos, desde contratos empresariais e políticas públicas até documentos legais e regulamentos. Através de exemplos práticos, estudos de caso e técnicas, esta obra busca revelar o impacto positivo que uma comunicação clara pode ter na transparência, na confiança e na eficiência das instituições.

Convido você a embarcar nessa jornada de transformação da comunicação. Ao compreender e aplicar a linguagem simples, você estará contribuindo para um mundo mais justo, onde a informação é um direito de todos, não um privilégio de poucos. Que este livro seja o início de uma nova perspectiva sobre o poder que uma linguagem clara e acessível pode ter na criação de um ambiente mais inclusivo e democrático.

01 CONHEÇA A LINGUAGEM SIMPLES

Imagine um mundo onde a palavra era privilégio de poucos. Durante séculos, a comunicação – especialmente a escrita – foi moldada para servir a um grupo restrito, com expressões complexas e estruturas intrincadas. Era uma linguagem que impunha, que, ao invés de unir, estabelecia barreiras. Do latim clerical e jurídico da Idade Média às normas técnicas que floresceram com a Revolução Industrial, a linguagem formal foi moldada para segregar conhecimento e estabelecer autoridade.

No passado, ler e escrever eram habilidades raras e, em grande parte, reservadas a uma elite educada. As normas de linguagem escrita, principalmente, eram criadas com uma formalidade quase ritualística, projetadas para impressionar e, muitas vezes, intimidar. Documentos legais, textos religiosos e manuscritos científicos eram complexos e densos, alienando uma grande parcela da população. Essa linguagem excludente criava um tipo de "sociedade do saber" que deixava de fora a maioria dos cidadãos.

A Revolução Industrial trouxe novas demandas, com a expansão das cidades e a criação de profissões mais especializadas, mas a linguagem técnica e a linguagem dos contratos continuavam distantes do entendimento comum. Com o passar do tempo, a população cresceu em número e em consciência de seus direitos, e o próprio conceito de cidadania começou a ganhar um novo significado. A linguagem, antes ferramenta de poucos, começava a ser questionada.

Com a chegada do século XX, um novo fenômeno tomou forma: a globalização e o acesso crescente à informação. As vozes antes abafadas começaram a se erguer para pedir uma comunicação mais transparente e acessível. Nos Estados Unidos, por exemplo, movimentos civis, principalmente a partir da década de 1960, levantaram uma bandeira por igualdade e inclusão, e isso incluía o acesso pleno e claro à informação governamental e jurídica. A pressão para que as leis e as regulamentações fossem compreensíveis para todos aumentava, especialmente em temas fundamentais, como direitos civis e trabalhistas.

Esse processo culminou em uma demanda formalizada por "linguagem simples" (plain language), especialmente em países como Estados Unidos, Canadá e Reino Unido. Em 1978, o presidente Jimmy Carter, nos EUA, assinou um memorando determinando que todas as regulamentações federais fossem redigidas em linguagem clara e direta, visando garantir que qualquer cidadão pudesse entender o conteúdo. Nas décadas seguintes, a exigência pela transparência linguística expandiu-se para o setor privado e jurídico, criando leis e diretrizes que priorizavam a compreensão. Esse movimento teve uma enorme aceitação, que logo se espalhou para outras regiões do mundo.

O cenário mudou mais uma vez no século XXI, agora com a tecnologia e o advento da internet. Em um mundo digital, onde a informação circula de forma instantânea, a comunicação precisa ser eficaz e objetiva. Com o crescimento da mídia digital e das redes sociais, as pessoas passaram a ter mais voz do que nunca. Na esteira dessa revolução, a linguagem simples se tornou um elemento essencial para promover a inclusão e a cidadania digital. Hoje, ela é não só desejada, mas esperada, porque o ritmo de vida moderno não deixa mais espaço para interpretações desnecessárias.

A linguagem simples, então, não surgiu apenas como uma escolha estilística, mas como uma necessidade social, uma resposta a um mundo que exige inclusão e transparência. Ela atende à necessidade de que todos, independentemente de sua formação, idade ou origem, possam entender plenamente o que leem. Mais que um estilo, a linguagem simples é um compromisso: o de construir pontes, derrubar muros e fortalecer o poder das palavras para unir, e não dividir.

Essa técnica que surgiu no Reino Unido e nos Estados Unidos no ano de 1940, criando mais visibilidade ao passar dos anos, hoje, está presente em mais de cinquenta países. Também sendo conhecida como:

Plain language

Lenguage claro

Linguagem clara

E mais diversos outros países. Cada um deles busca sempre o mesmo objetivo: a facilitação da compreensão, com a aplicação de um texto mais simples e dinâmico.

> **IMPORTANTE!!!**
> A linguagem simples, não é uma linguagem informal, lembre-se sempre de utilizar o português corretamente, evitando abreviações e gírias.

Existem alguns princípios que regem a boa utilização da linguagem simples, sendo eles:

Clareza:

Usar palavras comuns e evitar jargões ou termos técnicos complexos. Quando termos específicos forem necessários, é importante explicá-los de maneira acessível.

Frases curtas e diretas:

Sentenças curtas facilitam a leitura e o entendimento. O uso de uma estrutura de frase simples ajuda o leitor a captar a mensagem rapidamente.

Organização lógica:

O conteúdo deve seguir uma sequência lógica e ser bem estruturado, com títulos e subtítulos que orientem o leitor.

Foco no essencial:

Ir direto ao ponto, evitando informações desnecessárias ou redundantes, para que o leitor tenha acesso ao que é mais relevante de forma eficiente.

Visibilidade:

Usar formatação adequada (como listas, negrito para destaques, e espaçamento claro) ajuda o leitor a encontrar informações-chave mais rapidamente.

Tom acessível e respeitoso:

A linguagem simples não deve ser condescendente, mas sim respeitosa, garantindo que a informação seja acessível a todos sem menosprezar a inteligência do leitor.

A adoção da linguagem simples oferece uma série de benefícios em diversos contextos, tanto para quem escreve quanto para quem lê. Abaixo estão alguns dos principais benefícios:

Maior Compreensão:

Facilita o entendimento de informações complexas, permitindo que pessoas com diferentes níveis de escolaridade compreendam o conteúdo.

Inclusão:

Promove a inclusão ao permitir que pessoas com diferentes habilidades de leitura e compreensão acessem informações importantes.

Prevenção de Conflitos:

Reduz a ambiguidade em documentos, como contratos, diminuindo a probabilidade de mal-entendidos e disputas judiciais.

Resolução Rápida de Problemas:

A comunicação clara economiza tempo, já que os leitores entendem a mensagem mais rapidamente, sem a necessidade de esclarecimentos adicionais.

Aumento da Confiança:

Mensagens claras e diretas aumentam a confiança nas instituições, já que os leitores sentem que a informação é transparente e acessível.

Além dos benefícios de ordem social:

Facilidade na Comunicação Digital:

A linguagem simples melhora a experiência do usuário em sites e aplicativos, tornando as informações fáceis de encontrar e entender, além de contribuir para a acessibilidade digital, beneficiando pessoas com deficiências cognitivas.

Atendimento ao Cliente Eficiente:

Facilita a resolução de problemas e dúvidas no atendimento ao cliente, reduzindo o tempo de atendimento e aumentando a satisfação. Além disso, diminui a repetição de perguntas com uma comunicação clara em manuais e FAQs.

Aumento da Acessibilidade:

Garante que pessoas com deficiências ou que utilizam tecnologias assistivas possam entender melhor as informações, ampliando o alcance e a inclusão digital.

Impacto Social Positivo:

Ao eliminar barreiras linguísticas, a linguagem simples promove a justiça social, garantindo que todos, independentemente de seu nível educacional, possam acessar informações sobre seus direitos e serviços.

Justiça Social:

Promove a equidade ao garantir que grupos marginalizados possam entender as mesmas informações que aqueles com mais privilégios, eliminando barreiras que dificultam o acesso à informação.

Promove a Equidade:

Redigir documentos de forma clara garante que todos, independentemente de sua condição social ou educacional, tenham acesso às informações necessárias para exercer seus direitos e responsabilidades, promovendo uma sociedade mais justa.

Como vimos, a linguagem simples é mais do que uma técnica de escrita; é um movimento global que reflete a evolução da nossa sociedade em direção à inclusão e à transparência. Ela surgiu como uma resposta às barreiras criadas por comunicações complexas e inacessíveis, buscando tornar a informação compreensível para todos, independentemente de sua formação ou origem.

Adotar a linguagem simples é reconhecer que a comunicação eficaz é fundamental em todos os aspectos da vida moderna. Desde entender direitos e deveres até acessar serviços essenciais, a clareza na transmissão de informações empodera os indivíduos e fortalece a cidadania. Além disso, promove a justiça social ao eliminar obstáculos que historicamente excluíram muitos do acesso pleno ao conhecimento.

Ao final deste capítulo, fica claro que a linguagem simples é uma ferramenta poderosa para construir pontes em vez de muros. É um compromisso com a compreensão mútua, a eficiência e o respeito ao próximo. À medida que avançamos em um mundo cada vez mais conectado e diverso, a adoção da linguagem simples se torna não apenas desejável, mas indispensável.

Convido você, leitor, a refletir sobre o papel que a linguagem desempenha em sua vida e a considerar como a simplicidade e a clareza podem enriquecer suas interações pessoais e profissionais. Juntos, podemos fomentar uma comunicação mais inclusiva e eficaz, contribuindo para uma sociedade onde a informação seja verdadeiramente acessível a todos.

02 CONSOLIDAÇÃO E CRESCIMENTO DA LINGUAGEM SIMPLES NO BRASIL

Nos últimos anos, o conceito de **Linguagem Simples** tem se consolidado e ganhado força no Brasil, tanto no setor público quanto no privado. Um marco importante para esse movimento foi a publicação, em 2023, do normativo internacional ISO de *Plain Language*. Em 2024, essa norma foi incorporada ao cenário brasileiro, quando a ABNT (Associação Brasileira de Normas Técnicas) publicou sua versão adaptada, transformando-a em uma norma técnica brasileira. Esse passo fortaleceu ainda mais a adoção da linguagem simples no país, especialmente em instituições governamentais.

CRESCIMENTO NO SETOR PÚBLICO

No Brasil, o interesse pela Linguagem Simples vem crescendo rapidamente, especialmente no setor público. Diversos estados e municípios têm implementado normativos, leis e programas específicos para promover o uso de uma linguagem acessível em documentos e comunicações oficiais. Um exemplo relevante é a Lei de Direitos do Usuário de Serviços Públicos (Lei 13.460/2017), que já menciona a importância de utilizar uma linguagem clara para garantir o pleno entendimento por parte dos cidadãos.

Um ponto de destaque foi o Pacto Nacional pela Linguagem Simples, lançado em 2023. Esse pacto envolveu tribunais de todo o Brasil e incentivou o uso da Linguagem Simples tanto em comunicações internas quanto externas do Poder Judiciário. Essa iniciativa colocou o Judiciário em posição de protagonismo na adoção de práticas mais acessíveis e compreensíveis para o público.

O crescimento do interesse pela Linguagem Simples no Brasil é visível em várias iniciativas e exemplos práticos no setor público. Abaixo, apresento outras situações e exemplos que destacam essa tendência:

1. **Lei de Acesso à Informação (Lei 12.527/2011)**: Esta lei estabelece que os órgãos públicos devem garantir o acesso à informação de maneira clara e acessível. A Lei de Acesso à Informação incentiva a simplificação de documentos e a utilização de Linguagem Simples para que os cidadãos possam compreender facilmente como solicitar informações e entender os conteúdos divulgados pelas instituições. Por exemplo, muitos órgãos realizaram FAQs em Linguagem Simples, abordando as perguntas mais frequentes de forma direta e clara, facilitando o acesso às informações.

2. **Portal da Transparência**: O Portal da Transparência do governo federal é um exemplo de como a Linguagem Simples pode ser aplicada para garantir que os cidadãos compreendam como o dinheiro público está sendo utilizado. O site apresenta informações sobre receitas e despesas de forma acessível, com gráficos e visualizações que facilitam a compreensão dos dados financeiros. Essa abordagem ajuda a promover a transparência e a responsabilização, uma vez que os cidadãos possam entender melhor a aplicação dos recursos públicos.

3. **Programa Estadual de Linguagem Simples**: O estado do Paraná, por exemplo, implementou o Programa Estadual de Linguagem Simples, que visa simplificar a comunicação pública e garantir que os cidadãos compreendam seus direitos e serviços oferecidos pelo governo. Esse programa inclui capacitação de servidores públicos em Linguagem Simples, revisão de documentos oficiais e produção de materiais educativos que utilizam uma linguagem clara e acessível.

4. **Sistemas de Ouvidoria**: Muitos estados e municípios brasileiros reformularam seus sistemas de ouvidoria para utilizar a Linguagem Simples nas comunicações com os cidadãos. A partir de diretrizes que priorizam a esclarecer, as ouvidorias têm materiais que explicam como registrar reclamações, sugestões ou elogios de maneira explicativa. Um exemplo é a Ouvidoria Geral do Estado de São Paulo, que disponibiliza um guia em Linguagem Simples que orienta os cidadãos sobre como utilizar o serviço, garantindo que todos possam expressar suas demandas.

5. **Leis Municipais de Linguagem Simples**: Cidades como Curitiba e Belo Horizonte adotaram leis que regulamentam o uso de Linguagem Simples em documentos oficiais. Estas legislações estabelecem a obrigatoriedade de redigir comunicados, editais e informações ao público em linguagem clara, facilitando o acesso à informação. Em Curitiba, a lei promove a revisão de textos oficiais para garantir que sejam compreensíveis e acessíveis à população em geral.

6. **Serviço de Atendimento ao Cidadão**: O governo de Minas Gerais reformulou seu serviço de atendimento ao cidadão, adotando Linguagem Simples nas orientações e materiais informativos. O atendimento foi estruturado para que os funcionários possam comunicar informações de forma clara e direta, ajudando os cidadãos a compreender melhor os serviços oferecidos e os procedimentos a serem seguidos.

7. **Cartilhas e Guias de Orientação**: Diversas secretarias municipais desenvolveram cartilhas e guias em Linguagem Simples para orientar os cidadãos sobre questões como saúde, educação e direitos do consumidor. Por exemplo, a Secretaria Municipal de Saúde de São Paulo criou materiais educativos sobre prevenção de

doenças e acesso a serviços de saúde, utilizando uma linguagem clara e ilustrações que facilitam a compreensão das informações.

8. **Pacto Nacional pela Linguagem Simples no Poder Judiciário**: Lançado em 2023, este pacto reúne tribunais de todo o Brasil com o objetivo de tornar o acesso à justiça mais transparente e inclusivo. O pacto prevê o uso de uma comunicação clara e direta tanto nas comunicações internas quanto nas externas, como em sentenças e decisões judiciais. Por exemplo, alguns tribunais estaduais decidiram emitir suas decisões com uma estrutura mais organizada, utilizando introduções resumidas, linguagem acessível e, em alguns casos, até gráficos para ilustrar o entendimento dos processos.

9. **do Banco Central sobre Transparência e Simplicidade na Comunicação com Clientes:** Em 2021, o Banco Central do Brasil publicou uma resolução incentivando as instituições financeiras a adotar uma linguagem acessível em documentos como contratos de crédito e extratos bancários. Com isso, os bancos e outras instituições financeiras passaram a redigir esses documentos de forma que o cliente possa compreender as condições de juros, tarifas e outras obrigações sem depender de interpretações complexas. Essa resolução busca reduzir dúvidas e reclamações, promovendo maior clareza e transparência nas relações financeiras.

10. **Iniciativa de Linguagem Simples no INSS:** O Instituto Nacional do Seguro Social (INSS) propôs medidas para simplificar seus comunicados, orientações e formulários relacionados aos benefícios previdenciários. Em documentos como o de aposentadoria e auxílio-doença, por exemplo, as instruções foram reescritas para evitar jargões e termos técnicos necessários. Essa mudança facilitou a

compreensão dos processos para os cidadãos, especialmente para os mais idosos, que antes dependiam de terceiros para interpretar as instruções.

11. **Guia de Linguagem Simples do Ministério da** Economia: Em 2020, o Ministério da Economia lançou um guia prático para orientar servidores públicos na produção de documentos claros e seguros. O guia aborda boas práticas de escrita, como o uso de frases curtas, organização lógica e linguagem respeitosa. Esse material foi amplamente divulgado em capacitações e serviu de base para a reformulação de documentos como guias fiscais e comunicados de orçamento.

Estas iniciativas demonstram que a Linguagem Simples é uma ferramenta eficaz para promover a inclusão social, garantir o acesso à informação e facilitar a comunicação entre o Estado e os cidadãos. Ao adotar uma abordagem mais acessível, o setor público brasileiro está se tornando mais transparente e próximo da população, permitindo que todos compreendam melhor seus direitos e serviços.

LINGUAGEM SIMPLES NO MEIO JURÍDICO

O setor jurídico, tradicionalmente conhecido por sua linguagem complexa e formal, tem se destacado como um dos principais impulsionadores do movimento de Linguagem Simples no Brasil. Esse avanço se dá principalmente pela adoção de metodologias como o Legal Design e o Visual Law, que buscam transformar a forma de comunicação sem direito. Essas abordagens não apenas incorporam os princípios de Linguagem Simples para facilitar a compreensão dos documentos legais e das decisões judiciais, como também empregam elementos visuais que tornam a informação mais acessível e atraente.

Legal Design e Direito Visual: Conceitos e Aplicações

O **Legal Design** é uma metodologia que utiliza técnicas de design thinking para reestruturar e apresentar informações jurídicas de maneira intuitiva, facilitando o entendimento do usuário. Ao refletirmos sobre a importância da linguagem simples, percebemos que ela vai além de palavras fáceis ou frases curtas; trata-se de um verdadeiro compromisso com a inclusão e o respeito ao entendimento de todos. A linguagem jurídica, em especial, carrega consigo um peso histórico de complexidade que, muitas vezes, afasta aqueles que mais deveriam se beneficiar dela: o cidadão comum. Se o direito existe para assegurar a justiça e o equilíbrio social, ele deve ser acessível a todos. Cada pessoa que consulta um documento jurídico deve ser capaz de entender, sem rodeios ou mistérios, o que está escrito ali.

A proposta da linguagem simples é uma revolução silenciosa, que visa transformar o entendimento do direito e de outros textos complexos em algo claro, direto e empoderador. Ela se baseia em um princípio fundamental: cada palavra conta, e cada expressão precisa ter um propósito e ser compreendida. Não basta transmitir a informação; é essencial que ela seja bem recebida, processada e, acima de tudo, útil para quem lê.

Para isso, precisamos considerar a experiência do usuário, ou seja, a forma como alguém interage e compreende a informação que recebe. Na linguagem simples, criamos uma experiência que coloca o destinatário no centro de tudo. Imagine que cada sentença é pensada para alguém que talvez não esteja familiarizado com o jargão técnico, mas que precisa tomar decisões com base no que lê. Seja ele um cliente, um magistrado ou um cidadão comum, a informação precisa ser apresentada de maneira acessível e respeitosa.

Essa experiência do usuário (UX) na linguagem jurídica funciona como um convite. Ao adotar termos claros e frases bem estruturadas, garantimos que o leitor se sinta valorizado e entendido. Esse foco na experiência do destinatário envolve mais do que escolha de palavras; ele traz uma mudança de perspectiva. Na prática, significa perguntar a nós mesmos: como essa pessoa vai entender o que eu escrevi? Ela se sente segura, ou intimidada? Ela pode tomar decisões com base nesse conteúdo? Cada escolha linguística é um passo na direção de criar documentos que não só informam, mas também acolhem.

Por exemplo, pense em um contrato ou um manual jurídico. Em sua versão tradicional, ele pode intimidar qualquer um que não tenha formação na área. Mas quando utilizamos linguagem simples, cada cláusula é uma peça de informação projetada para ser útil e transparente. Usar frases curtas, termos comuns e evitar jargões é mais do que uma escolha estilística – é um ato de empatia e de compromisso com a justiça e a inclusão.

A linguagem simples, portanto, é uma ponte entre o conhecimento técnico e o entendimento cotidiano. Ela respeita o tempo e a inteligência do leitor, sem subestimar suas capacidades, mas também sem sobrecarregá-lo com complexidades desnecessárias. É a linguagem do respeito, da clareza e da eficiência, uma forma de construir um direito verdadeiramente acessível, onde a compreensão é o ponto de partida para a confiança e a justiça.

Já o **Direito Visual** é uma vertente do Legal Design que prioriza a utilização de recursos visuais, como diagramas, ícones, fluxogramas e infográficos, para ilustrar conceitos jurídicos complexos. Esse método facilita a compreensão ao tornar o conteúdo jurídico visualmente atraente e lógico, orientando o leitor através do documento com elementos gráficos que simplificam a compreensão das informações.

Imagine que você está diante de um contrato, uma peça processual ou um documento jurídico qualquer. As páginas estão preenchidas por um mar de palavras, frases densas e parágrafos longos, que exigem atenção redobrada para que você consiga captar o que realmente importa. Agora, imagine que esse mesmo conteúdo jurídico seja apresentado com ícones intuitivos, fluxogramas claros e diagramas que descomplicam o texto. Esse é o poder do Direito Visual, uma vertente do Legal Design que revoluciona a maneira como transmitimos informações legais.

O Direito Visual utiliza recursos visuais, como diagramas, ícones, fluxogramas e infográficos, para traduzir conceitos complexos em representações visuais fáceis de entender. Pense nos gráficos e fluxos de decisão que orientam você em um site ou aplicativo. Quando aplicamos esses elementos visuais ao Direito, o objetivo é o mesmo: simplificar e guiar o leitor, facilitando a compreensão da informação. Em vez de navegar por um labirinto de palavras, o leitor é levado a entender os conceitos de forma mais rápida e intuitiva.

Esses recursos visuais não são meros adornos, mas, sim, ferramentas práticas e poderosas. Por exemplo, um fluxograma pode transformar o procedimento de um processo judicial em uma sequência visual clara, permitindo que o leitor veja o "passo a passo" da tramitação processual sem precisar interpretar linhas extensas de texto. Diagramas, por sua vez, podem ilustrar uma estrutura organizacional ou mostrar os direitos e deveres de cada parte em um contrato, tornando o conteúdo mais acessível e direto.

Além disso, a utilização de ícones – pequenos símbolos que representam conceitos – ajuda o leitor a localizar informações específicas rapidamente. Em um contrato, por exemplo, ícones de dinheiro, prazos ou responsabilidades podem ajudar a sinalizar onde estão as principais informações financeiras, de prazos ou obrigações. Esses ícones são como guias visuais que orientam o olhar, tornando a experiência de leitura menos exaustiva e muito mais intuitiva.

Os infográficos também desempenham um papel fundamental no Direito Visual. Combinando texto, números e gráficos, eles sintetizam informações complexas de uma forma agradável e lógica, permitindo que o leitor compreenda um panorama geral sem precisar mergulhar em parágrafos complexos. Em relatórios de auditoria, por exemplo, os infográficos são uma forma rápida de destacar os principais pontos, oferecendo uma visão clara dos resultados e conclusões.

Essa abordagem visual não apenas facilita a compreensão do conteúdo jurídico, mas também transforma a experiência de leitura em algo mais agradável e eficiente. Em vez de se sentir sobrecarregado por termos técnicos e estruturas difíceis, o leitor é conduzido de forma suave e clara através de um conteúdo visualmente atraente. A complexidade jurídica ganha uma nova roupagem: visual, lógica e acessível.

Para além da clareza, o Direito Visual fortalece a acessibilidade e a inclusão, já que pessoas com diferentes níveis de compreensão e experiências encontram nos elementos gráficos um apoio visual que orienta o entendimento. Ele coloca o usuário no centro, como um participante ativo e engajado na leitura, ao invés de um espectador passivo tentando decifrar uma linguagem codificada. Com o Direito Visual, o conteúdo jurídico passa a ser um meio de diálogo, acessível a todos.

Assim, o Direito Visual não é apenas um estilo; é uma filosofia que compreende o impacto das representações visuais na comunicação. Ele respeita o leitor, aproveitando cada recurso visual para eliminar a ambiguidade e tornar a informação clara e acessível. Em um mundo onde o tempo é precioso e a informação circula de forma veloz, o Direito Visual traz à tona uma nova perspectiva: o conteúdo jurídico não precisa ser difícil. Com clareza visual e atenção ao detalhe, a informação jurídica pode, sim, ser direta e intuitiva, convidando o leitor a entender e a se conectar com o que está escrito.

Em suma, o Direito Visual representa a evolução do campo jurídico para uma prática mais humana e transparente, onde a experiência do usuário é priorizada e a compreensão é facilitada. Afinal, a informação jurídica não deve ser um obstáculo, mas uma ponte para a compreensão e o exercício pleno dos direitos.

Aspecto	Legal Design	Direito Visual
Definição	Um campo que aplica princípios de design thinking ao direito para criar soluções mais centradas no usuário.	Uma vertente do Legal Design que usa recursos visuais para simplificar a compreensão de conceitos jurídicos.
Objetivo	Tornar o direito mais acessível, eficiente e centrado nas necessidades reais dos usuários.	Facilitar o entendimento de documentos jurídicos complexos, tornando-os visualmente claros e atrativos.
Métodos	Usa o design thinking para mapear a experiência do usuário, identificar problemas e testar soluções.	Utiliza diagramas, infográficos, fluxogramas e ícones para organizar e simplificar a informação jurídica.
Aplicação	Processos inteiros, desde contratos e políticas até procedimentos legais e educacionais.	Especialmente útil em contratos, guias jurídicos, manuais e outros documentos que precisam de clareza visual.
Foco	Experiência do usuário (UX) em todo o processo jurídico, desde a redação até o formato de entrega.	Comunicação visual do conteúdo jurídico, focando em simplificar o texto e orientar o leitor com elementos gráficos.
Benefícios	Reduz complexidade, melhora a compreensão e aumenta a transparência e a confiança no sistema jurídico.	Aumenta a acessibilidade e reduz ambiguidades ao apresentar informações complexas de forma lógica e visual.

Exemplos Práticos de Aplicação

Contratos empresariais com Direito Visual: Em contratos complexos, como os de fusão e aquisição, que tradicionalmente são extensos e recheados de cláusulas técnicas, a aplicação de Legal Design e Visual Law permite simplificar a linguagem e ilustrar as obrigações de cada parte de maneira clara. Por exemplo, você pode usar infográficos para explicar o cronograma de pagamento ou fluxogramas que descrevam os passos de um processo de rescisão, resolvendo dúvidas e ambiguidades que poderiam levar a disputas judiciais.

Termos de Uso em Plataformas Digitais: Muitas empresas estão adotando o Direito Visual para tornar os Termos de Uso de suas plataformas digitais mais acessíveis. Uma linguagem simples ajuda a eliminar jargões, enquanto diagramas e ícones destacam direitos, deveres e alertas ao usuário, como políticas de privacidade ou condições de reembolso. Esse método reduz a complexidade do texto e aumenta a transparência, permitindo que o usuário compreenda seus direitos e responsabilidades rapidamente.

Petição com Fluxogramas para Decisão Judicial: Em casos de demandas judiciais que envolvem várias etapas ou alternativas processuais, a apresentação de um fluxograma na petição inicial ajuda o magistrado a entender rapidamente o contexto, o pedido e os possíveis desdobramentos da causa. Esse recurso visual permite que o juiz visualize o caminho jurídico proposto, aumentando a clareza e reduzindo o tempo de análise.

Guias de Direitos e Obrigações para Consumidores: Em setores como o bancário e o de telecomunicações, onde os contratos de adesão são comumente complexos, as empresas têm manuais simplificados para explicar aos clientes seus direitos e obrigações. Além de utilizar uma linguagem acessível, esses documentos apresentam gráficos e ícones que facilitam a consulta rápida e visual, tornando o material de apoio mais eficaz.

Benefícios da Adoção de Legal Design e Direito Visual

Essas metodologias têm o potencial de transformar o acesso à justiça e a relação entre advogados e clientes. Além de tornarem as informações jurídicas mais fáceis de entender, elas promovem a transparência, aumentam a confiança no setor jurídico e permitem que cidadãos e empresas tomem decisões informadas e conscientes. Adotar Legal Design e Visual Law não se trata apenas de "simplificar" o conteúdo, mas de construir uma comunicação verdadeiramente inclusiva e eficiente, onde o direito deixa de ser uma barreira e passa a ser um facilitador.

1. Estrutura Modular do Conteúdo

Estruturar documentos legais em módulos organizados e lógicos ajuda a quebrar longos blocos de texto, facilitando a leitura e a navegação.

Como Realizar:

- **Organização por Tópicos**: Divida o documento em detalhes e subtópicos que se relacionam logicamente. Cada seção deve tratar de um tema específico, facilitando a leitura em partes. Por exemplo, uma petição pode ter títulos como "Resumo do Caso", "Pedidos" e "Fundamentação Jurídica", em vez de um texto corrido.

- **Índice Visual**: Crie um índice no início do documento com links clicáveis (em documentos digitais) ou uma página de fácil localização para documentos físicos, seção onde cada seção principal se encontra.

- **Resumo para o Leitor**: Adicione uma introdução breve no início do documento explicando o conteúdo e o propósito de cada seção, para ajudar o leitor a se orientar no texto.

2. Uso de Diagramas e Fluxogramas

Diagramas e fluxogramas são ideais para explicar processos legais complexos, permitindo que o leitor visualize etapas, decisões e responsabilidades de forma intuitiva.

Como Realizar:

- **Identificar Processos**: Determinar processos ou etapas que possam ser melhor compreendidos visualmente, como o trâmite de um processo judicial ou as obrigações contratuais.

- **Desenvolva o Fluxo**: Crie o fluxo usando software gráfico (como Canva, Lucidchart ou PowerPoint) ou recursos mais básicos. O fluxograma deve ter setas que indicam a sequência e caixas de texto com respostas curtas e diretas.

- **Simplifique os Termos**: Utilize termos claros e simples de entender nossos diagramas, evitando o excesso de jargões. Adicione notas explicativas breves ao lado de cada etapa, se necessário.

3. Uso de Ícones e Elementos Visuais

Ícones e elementos visuais podem reforçar informações importantes e guiar o leitor através do documento, facilitando a compreensão e a navegação.

Como Realizar:

- **Selecione Ícones Significativos**: Escolha ícones que representem conceitos legais, como um cadeado para segurança, uma balança para justiça, ou uma lupa para análise. Utilize um estilo visual consistente em todo o documento para manter a consistência.

- **Distribua estrategicamente**: Coloque os ícones ao lado das garrafas ou palavras-chave, como "Importante", "Prazo", "Condições", para chamar a atenção do leitor para pontos essenciais.

- **Escolha Cores Funcionais**: Aplique cores sutis e funcionais para distinguir ícones e destacar informações sem sobrecarregar visualmente o documento. Os núcleos devem seguir uma paleta equilibrada e fácil de ler.

4. Redação Simplificada e Objetiva

A redação simplificada evita o uso de termos técnicos desnecessários, transforma frases complexas em enunciados claros e ajuda a transmitir informações de forma direta e objetiva.

Como Realizar:

- **Use Frases Curtas e Diretas**: Mantenha as frases com no máximo 20 palavras e prefira a voz ativa. Em vez de "Foi decidido pelo tribunal que...", use "O tribunal decidiu que...".

- **Estrutura Parágrafos Curtos**: Dividido o texto em parágrafos de três a cinco linhas, cada um abordando uma única ideia central. Isso facilita a leitura e torna o documento menos intimidante.

5. Criação de Exemplos e Casos Práticos

A utilização de exemplos e casos práticos ilustrativos torna conceitos abstratos mais concretos, ajudando o leitor a entender como se aplicar no mundo real.

Como Realizar:

- **Identifique Conceitos Complexos**: Localize as partes do documento que contêm explicações abstratas ou legais e que podem ser difíceis de entender.

- **Crie um Exemplo**: Explique a aplicação prática do conceito com uma situação fictícia ou real. Por exemplo, se o documento abordar uma cláusula de rescisão, explique como essa cláusula funcionaria se um contrato fosse encerrado antes do prazo.

- **Utilize Nomes e Situações Fictícias**: Para maior clareza, use nomes e situações fictícias, como "Maria deseja cancelar o contrato antes do fim do período...", para ilustrar o conceito sem comprometer a privacidade ou o foco do texto.

6. Revisão Visual e Teste de Legibilidade

A revisão visual e o teste de legibilidade garantem que o documento seja realmente acessível, verificando se a estrutura, a linguagem e os elementos visuais cumprem o objetivo de tornar o conteúdo claro.

Como Realizar:

- **Teste de Legibilidade**: Utilize ferramentas online (como o Microsoft Word ou Hemingway App) para verificar a complexidade do texto e fazer os ajustes necessários. Busque alcançar um nível de leitura que seja compreensível para um público variado.

- **Peça Feedback**: Antes da versão final, mostre o documento para pessoas que não sejam da área jurídica e peça que elas avaliem de forma clara e identifiquem qualquer ponto confuso.

- **Ajustes Visuais Finais**: Confira espaçamentos, margens e tamanho da fonte para garantir que o documento seja visualmente confortável. Verifique se os elementos gráficos e as cores estão harmoniosos e não desviam o foco do conteúdo principal.

Exemplos de Aplicação de Legal Design e Visual Law

<u>Contratos Simplificados para Localização</u>

Tabela de Prazos e Responsabilidades: No início do contrato, uma tabela apresenta as principais obrigações de locador e locatário, com colunas para dados de pagamento, responsabilidades de manutenção, e período do contrato.

Parte	Principais Obrigações	Dados de Pagamento	Responsabilidades de Manutenção	Período de Duração do Contrato
LOCADOR	Assegurar o imóvel em condições adequadas para o uso, conforme o contrato	Receber aluguel mensal nas condições acordadas	Manter a estrutura do imóvel (ex: telhado, sistemas de encanamento principal)	Cumprir o período estipulado no contrato, com possibilidade de renovação
LOCATÁRIO	Utilizar o imóvel conforme estipulado, sem realizar modificações não autorizadas	Efetuar pagamento do aluguel até a data estabelecida no contrato	Realizar pequenos reparos (ex: troca de lâmpadas, pequenos ajustes internos)	Respeitar o período estipulado ou saída conforme aviso prévio no contrato

Ícones para Informações Importantes: Ícones de calendário junto a cada data de vencimento, um ícone de ferramenta para manutenção e um cadeado para garantias facilitam a identificação visual.

CONTRATO ● ● ●
Prestação de Serviços

São Paulo
01 de setembro de 2021

Contratante
Nome:
CPF/CNPJ:
Endereço:
E-mail:

Contratado
Nome:
CPF/CNPJ:
Endereço:
E-mail:

CONTRATANTE e CONTRATADA, de agora em diante denominados em conjunto "Partes" e individualmente "Parte".

1. Objeto do contrato

1.1. Prestação de Serviços conforme solicitado em Ordem de Serviço, considerada como um anexo deste Contrato.

2. Valor e forma de pagamento

2.1. O valor a ser pago pela prestação de serviço será de R$ 2.000,00.

2.2. O pagamento será realizado via depósito na conta corrente de titularidade do Contratado.

2.3. O pagamento deverá ser realizado até a assinatura do presente contrato.

3. Vigência e Rescisão

3.1. O presente Contrato inicia na data de sua assinatura e termina em 23 de janeiro de 2022.

Gráficos para Etapas de Renovação e Rescisão: Um gráfico de etapas de renovação e rescisão do contrato, com setas detalhando a sequência do processo, prazos de aviso prévio e recomendações, ajuda o locatário a entender rapidamente suas e responsabilidades.

Petição Judicial com Fluxograma Processual

Fluxograma no Início da Petição: No início da petição, um fluxograma mostra o caminho processual da execução da sentença. Cada etapa é representada em uma caixa, conectada por setas que indicam a sequência do processo.

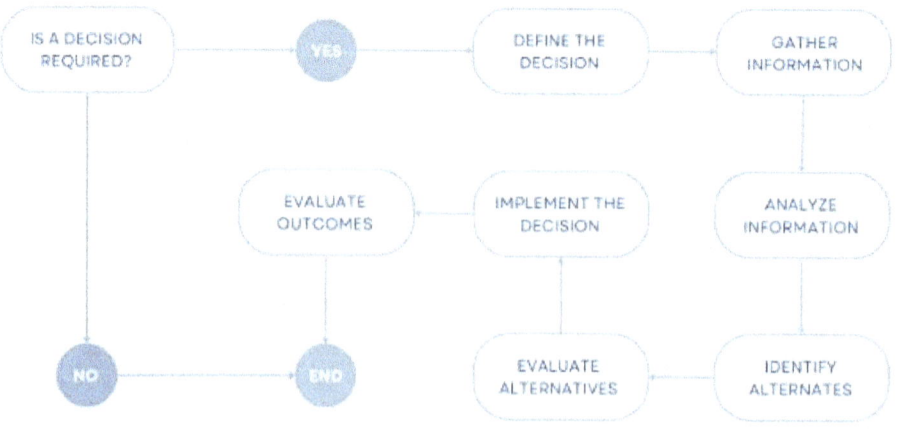

Periodicidades Visuais: Núcleos separados para etapas já realizadas, próximas e futuras ajudam a visualizar o progresso e o tempo restante em cada etapa.

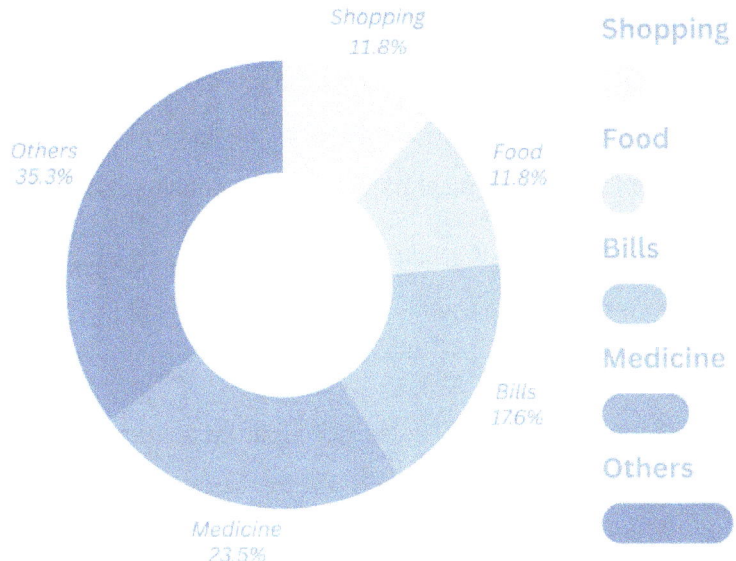

Indicação de Prazos com Destaque: Dados de prazos são destacados em cada caixa do fluxograma, e ícones de alerta indicam momentos críticos, como o prazo final para contestação ou recursos.

Políticas de Privacidade e Termos de Serviço

- Ícones para Destaques Principais: Ícones são usados para indicar rótulos importantes, como "coleta de dados" (ícone de banco de dados), "direitos do usuário" (ícone de escudo) e "tempo de armazenamento" (ícone de relógio).
- Layout Visual em Seções: A política é dividida em blocos bem espaçados e com legendas grandes, permitindo que o usuário identifique rapidamente os pontos principais.
- Resumo das Partes Cruciais em Quadros Destacados: Quadros de texto resumem os pontos principais de cada seção, como os tipos de dados disponíveis e as opções de exclusão. Ao lado, uma tabela mostra as opções de assinatura com um botão visual "Aceitar" ou "Negar".

INICIATIVAS NO SETOR PRIVADO E EMPRESAS

No setor privado, a adoção da Linguagem Simples tem se expandido rapidamente, especialmente em empresas que priorizam uma experiência de usuário clara, amigável e eficiente. A aplicação de diretrizes de linguagem acessíveis nessas organizações vai além da simplificação do texto: trata-se de uma estratégia de comunicação que reforça a transparência, melhora a satisfação dos clientes e reduz custos operacionais ao diminuir o volume de dúvidas e reclamações.

Aplicações Práticas de Linguagem Simples no Setor Privado

Contratos de Adesão e Termos de Serviço: Em segmentos como o bancário, segurador e de telecomunicações, é comum que os contratos sejam extensos e repletos de cláusulas técnicas que confundem o consumidor. Ao reformular esses documentos usando linguagem simples, as empresas fornecem claramente os direitos e obrigações de cada parte, eliminando expressões jurídicas complexas e optando por um vocabulário direto. Um exemplo prático é o contrato de conta bancária, onde, em vez de usar termos como "inadimplemento contratual" e "consoante as cláusulas pactuadas", a empresa pode esclarecer de forma objetiva as consequências de um eventual atraso nos pagamentos ou a política de tarifas cobradas, utilizando termos comuns.

Manuais de Produtos e Guias de Usuário: Fabricantes de produtos eletrônicos, por exemplo, passaram a adotar linguagem acessível em manuais e guias de usuário para instruir o cliente sobre o funcionamento do produto. Em vez de técnicas excessivas, as instruções são planejadas de forma passo a passo, com frases curtas e objetivas. Além disso, o uso de infográficos e ilustrações de fácil interpretação auxilia na compreensão e facilita o uso dos produtos, promovendo uma experiência mais agradável para o consumo e redução das demandas no suporte ao cliente.

Comunicações de Marketing e Publicidade: Empresas de varejo e serviços transformaram suas campanhas publicitárias com uma comunicação mais direta e inclusiva. Em vez de usar uma linguagem persuasiva complexa, muitas marcas estão optando por mensagens claras e transparentes sobre suas ofertas, como condições de pagamento e políticas de devolução. Um exemplo é uma rede de supermercados que comunica os descontos e condições de promoção de forma objetiva, eliminando as "letras miúdas" que costumam gerar dúvidas e frustrações nos clientes.

Políticas de Privacidade e Segurança de Dados: Com o aumento da preocupação com a proteção de dados, empresas de tecnologia e plataformas digitais adotam uma linguagem simples em suas políticas de privacidade. Um exemplo é a descrição da coleta de dados pessoais. Em vez de usar termos como "destino dos dados ao processamento de marketing", a política pode explicar claramente que as informações do usuário serão usadas para enviar recomendações de produtos e promoções, dando ao consumidor uma visão completa e compreensível sobre o uso de suas informações.

Treinamento e Capacitação Interna: Empresas que adotam Linguagem Simples também investem em capacitação interna para que seus funcionários se comuniquem de forma clara e acessível. Organizações do setor de atendimento ao cliente, por exemplo, treinam suas equipes para eliminar jargões e responder a dúvidas de forma direta e detalhada, reduzindo o tempo de atendimento e aumentando a satisfação do cliente.

Benefícios da Linguagem Simples para Empresas e Consumidores

A adoção de uma linguagem acessível no setor privado oferece vantagens significativas para as empresas. Além de aumentar a confiança do consumidor, a comunicação clara ajuda a reduzir a quantidade de reclamações e conflitos, uma vez que o cliente compreende melhor os produtos, serviços e políticas da empresa. Essa prática também impacta positivamente o índice de fidelidade, pois os consumidores valorizam a transparência e o respeito pela sua compreensão.

Para os consumidores, a Linguagem Simples torna o consumo de produtos e serviços uma experiência menos frustrante e mais autônoma, promovendo um ambiente de consumo mais justo e informativo. Ao investir em uma comunicação direta e acessível, as empresas fortalecem a relação com seus clientes, melhoram sua imagem no mercado e se destacam pela responsabilidade e inovação em suas práticas comunicativas.

PRIMEIRA POLÍTICA PÚBLICA DE LINGUAGEM SIMPLES

A primeira política pública dedicada exclusivamente ao tema da Linguagem Simples no Brasil surgiu em 2019, quando a Prefeitura de São Paulo lançou o **Programa Municipal de Linguagem Simples**, uma iniciativa pioneira voltada para a melhoria da comunicação entre o poder público e os cidadãos. O programa foi instituído por meio do **Decreto 59.067/2019** e da **Lei 17.316/2020**, e marcou o início de uma nova fase no uso da linguagem acessível em documentos oficiais da administração pública. Essa iniciativa tinha como objetivo transformar a maneira como as informações públicas eram transmitidas, tornando-as mais compreensíveis, transparentes e acessíveis à população, especialmente para aqueles com menor escolaridade ou familiaridade com termos técnicos.

O Que o Programa Municipal de Linguagem Simples Propôs?

O programa da Prefeitura de São Paulo foi inspirado por políticas semelhantes em países como os Estados Unidos e o Reino Unido, que já haviam implementado a linguagem simples em documentos governamentais, facilitando o acesso a informações sobre direitos e serviços públicos. A proposta foi transformar a comunicação oficial da cidade, simplificando regulamentos, decretos, comunicados e formulários.

Entre as metas do programa, destacam-se:

Revisão e simplificação de textos administrativos: Manuais, avisos, formulários e portarias passaram a ser redigidos de forma mais clara e acessível.

Capacitação dos servidores públicos: Oficinas e treinamentos foram implementados para ensinar os servidores a usar a linguagem simples em seus documentos e comunicações diárias.

Participação cidadã: O programa facilitou a participação da população nos processos de decisão pública, uma vez que documentos e comunicados tornaram-se mais compreensíveis, o que aumentou a inclusão social e cívica.

Exemplos Internacionais

A iniciativa de São Paulo se alinha a uma tendência mundial de promoção da linguagem simples nos governos. Um exemplo de sucesso vem do **Reino Unido**, onde o governo criou o *Plain English Campaign* nos anos 1970, uma campanha que até hoje defende o uso da linguagem simples em documentos públicos e privados. O Reino Unido também lançou o site *gov.uk*, uma plataforma que organiza e apresenta informações públicas de maneira clara e direta, seguindo diretrizes rígidas de linguagem simples.

Nos **Estados Unidos**, o **Plain Writing Act de 2010** exige que todas as agências federais redijam documentos e comunicados em linguagem acessível. O impacto foi significativo: as agências tiveram que reformular manuais, formulários e orientações para os cidadãos, e o governo passou a monitorar de perto a clareza dos textos produzidos pelos órgãos públicos.

FORTALECIMENTO DO DEBATE

O debate sobre Linguagem Simples tem se intensificado no Brasil nos últimos anos, refletindo uma crescente percepção de que uma comunicação clara e acessível é essencial para a cidadania plena e o desenvolvimento social. Esse movimento vem sendo apoiado pela criação de cursos, oficinas e materiais educativos que visam capacitar profissionais de diversas áreas – do setor público ao privado – na aplicação de práticas de linguagem acessível. Além disso, ferramentas de apoio, como guias de escrita, aplicativos de simplificação textual e normativas de Linguagem Simples, foram desenvolvidas para ajudar os usuários a transformar a comunicação tradicional em mensagens compreensíveis e diretas.

Cursos e Capacitações em Linguagem Simples

Instituições de ensino, organizações governamentais e até empresas privadas oferecem capacitações em Linguagem Simples para profissionais que lidam diretamente com o público. Esses cursos ensinam técnicas de simplificação da linguagem e mostram a importância de adaptar a comunicação ao público-alvo, seja ele especializado ou leigo. Um exemplo é a capacitação de servidores públicos em estados e municípios que adotam normas de Linguagem Simples, melhorando a compreensão dos cidadãos sobre serviços essenciais, como saúde, educação e assistência social. Essas formações ensinam, por exemplo, a eliminar jargões, escrever de forma objetiva e estruturar a informação de maneira lógica e acessível.

Ferramentas e Recursos para Divulgação da Linguagem Simples

A difusão de recursos digitais, como aplicativos que identificam e sugerem simplificações para termos complexos, também tem incentivado o uso da Linguagem Simples. Esses aplicativos ajudam profissionais a identificar palavras de difícil compreensão e substituí-las por termos mais comuns, facilitando o entendimento. Além disso, as guias de Linguagem Simples estão sendo amplamente utilizadas por órgãos públicos e privados, detalhando práticas recomendadas para tornar documentos, como contratos, políticas e restrições, acessíveis para todos. Essas orientações, frequentemente disponibilizadas em formato digital e gratuito, são uma forma prática de apoiar a aplicação da Linguagem Simples no dia a dia dos profissionais.

03 COMO UTILIZAR?

A Linguagem Simples é uma forma de comunicação que facilita o entendimento, tornando as informações mais acessíveis, claras e inclusivas para todos. No contexto público, muitas vezes os textos são escritos de maneira complexa e jurídica, o que dificulta o entendimento para pessoas com baixo nível de alfabetização. Por isso, é fundamental adotar a Linguagem Simples em documentos oficiais, e-mails, contratos e informativos.

Para utilizar a linguagem simples de maneira eficaz, é preciso seguir algumas diretrizes e práticas que ajudam a tornar a comunicação mais clara, acessível e fácil de entender. Abaixo estão os principais passos para aplicar a linguagem simples em textos, documentos e falas:

1. **Conheça o público-alvo:**

Quem vai ler o documento?

O que essas pessoas precisam saber?

Adapte a mensagem ao nível de conhecimento e necessidades do público.

Evite jargões ou termos técnicos desnecessários, principalmente se o público não for especializado.

O público exerce uma influência significativa na forma como a comunicação é estruturada, e adaptar a mensagem ao público-alvo é fundamental para garantir que a informação seja recebida e compreendida de maneira eficaz. Aqui estão algumas maneiras pelas quais o público influencia a comunicação:

Nível de Conhecimento e Compreensão

Adequação do Conteúdo: O nível de conhecimento do público sobre o tema influencia o quanto de detalhe ou especialização deve ser incluído na mensagem. Um público leigo precisará de uma explicação mais básica e exemplos simples, enquanto um público especializado pode lidar com termos técnicos e discussões mais profundas.

Evitar Jargões: Se o público não é familiarizado com termos técnicos ou jargões, é essencial simplificar a linguagem para garantir que todos possam compreender. Por exemplo, em um comunicado médico, termos técnicos podem ser evitados quando o público é formado por pacientes.

Interesses e Necessidades

Foco nas Informações Relevantes: O público-alvo dita quais aspectos de uma mensagem devem ser enfatizados. Uma comunicação voltada para clientes, por exemplo, deve destacar benefícios e informações práticas, enquanto um relatório para investidores pode focar em dados financeiros e previsões de crescimento.

Solucionar Problemas do Público: Identificar as necessidades e preocupações do público permite que a comunicação seja moldada para responder diretamente às dúvidas e expectativas dele, tornando a mensagem mais relevante.

Faixa Etária e Perfil Demográfico

Escolha do Tom e Linguagem: O perfil demográfico do público, como idade, cultura, educação e profissão, influencia o tom e a linguagem utilizados. Para um público jovem, uma linguagem mais descontraída e visual pode ser eficaz, enquanto para um público mais formal, um tom profissional e linguagem técnica podem ser apropriados.

Uso de Canais Apropriados: Dependendo da faixa etária, certas plataformas de comunicação serão mais adequadas. Por exemplo, campanhas para jovens podem funcionar melhor em redes sociais como Instagram ou TikTok, enquanto para públicos mais velhos, o e-mail ou material impresso pode ser mais eficaz.

Expectativas Culturais

Respeito às Normas Culturais: Diferentes públicos possuem diferentes expectativas e normas culturais que podem influenciar a comunicação. O uso de expressões e formas de tratamento deve ser adequado ao contexto cultural do público-alvo para evitar mal-entendidos e ofensas.

Empatia e Inclusão: Considerar as diferenças culturais, de gênero e de classe social ajuda a tornar a mensagem mais inclusiva e respeitosa, promovendo uma comunicação que acolhe a diversidade.

Nível de Envolvimento e Motivação

Engajamento Diferenciado: A comunicação deve ser adaptada ao nível de engajamento do público com o tema. Se o público já tem interesse no assunto, a comunicação pode ser mais aprofundada. Se o público for menos envolvido ou desinteressado, a mensagem precisa ser mais atraente e direta, com foco nos aspectos que chamem a atenção e gerem interesse.

Motivação para Ação: Entender o que motiva o público a agir (comprar, assinar, participar, votar) é crucial para moldar a mensagem de forma a gerar uma resposta. Para isso, é importante destacar benefícios, soluções ou emoções que conectem a mensagem às necessidades do público.

Feedback e Interatividade

Ajustes com Base no Retorno do Público: O público influencia a comunicação através do feedback. Se um público não compreende uma mensagem ou responde de maneira inesperada, a comunicação precisa ser ajustada com base nessas respostas. Plataformas interativas e redes sociais permitem que as mensagens sejam modificadas em tempo real.

Diálogo e Não Monólogo: Quando o público tem a oportunidade de interagir, questionar ou contribuir com a comunicação, a troca de informações se torna mais rica e permite um alinhamento mais eficiente das mensagens às expectativas.

Expectativas em Relação ao Formato

Preferências de Formato: O público também influencia a forma de apresentação da mensagem. Por exemplo, se o público prefere conteúdo visual, a comunicação pode ser adaptada para vídeos, infográficos ou apresentações gráficas. Já um público acadêmico pode preferir textos mais longos e detalhados.

Uso de Imagens e Mídia: Para públicos que são mais visuais ou que têm uma menor preferência por leituras longas, o uso de imagens, gráficos e vídeos pode aumentar a eficiência da comunicação, ajudando a transmitir a mensagem de forma mais clara e rápida.

Complexidade da Mensagem

Simplicidade Versus Complexidade: A complexidade da comunicação deve estar de acordo com a capacidade de entendimento do público. Uma comunicação excessivamente técnica para um público geral pode criar barreiras de compreensão, enquanto uma comunicação muito simplificada para especialistas pode parecer superficial e desrespeitosa.

Exemplos e Explicações: Para públicos com menor conhecimento sobre um tema, é importante incluir exemplos práticos e explicações detalhadas para facilitar o entendimento, tornando a mensagem mais acessível.

2. Use palavras comuns

Escolha palavras cotidianas, de fácil compreensão.

Prefira termos simples a sinônimos mais complexos. Por exemplo, em vez de "consoante", use "de acordo com".

Evite expressões técnicas ou legalistas. Se for necessário usá-las, explique o significado de maneira clara.

3. Frases curtas e objetivas

Escreva frases curtas, de no máximo 20 palavras.

Cada frase deve expressar uma ideia principal para facilitar o entendimento.

Evite períodos longos e parágrafos extensos que podem confundir o leitor.

4. Voz ativa em vez de passiva

Prefira a voz ativa. Ela torna a mensagem mais direta e fácil de seguir.

EXEMPLO "O governo criou a lei" (voz ativa) é mais claro que "A lei foi criada pelo governo" (voz passiva).

Nesta mesma linha de construção textual, acrescento mais exemplos com situações do dia a dia que irão auxiliar na mudança de hábito linguístico.

Voz ativa: "O advogado explicou os termos do contrato."
Voz passiva: "Os termos do contrato foram explicados pelo advogado."

Voz ativa: "A empresa implementou novas políticas de segurança."
Voz passiva: "Novas políticas de segurança foram implementadas pela empresa.

Voz ativa: "Os juízes avaliaram as evidências apresentadas."
Voz passiva: "As evidências foram avaliadas pelos juízes."

Voz ativa: "O banco aprovou o empréstimo."

Voz passiva: "O empréstimo foi aprovado pelo banco."

Voz ativa: "O cliente assinou o contrato."

Voz passiva: "O contrato foi assinado pelo cliente."

5. Organize bem o texto

Estruture o texto de forma lógica, com uma sequência clara de ideias.

Use **títulos e subtítulos** para organizar as informações em blocos menores.

Divida o texto em **parágrafos curtos,** facilitando a leitura e a navegação do conteúdo.

6. Use listas e *bullet points*

Listas facilitam a visualização de informações importantes e organizam melhor o conteúdo.

- ☐ DUST FURNITURE AND SURFACES
- ☐ VACUUM AND/OR MOP ALL FLOORS
- ☐ CLEAN AND DISINFECT BATHROOMS
- ☐ WIPE DOWN KITCHEN SURFACES
- ☐ EMPTY ALL TRASH CANS
- ☐ CLEAN WINDOWS
- ☐ CLEAN MIRRORS
- ☐ CLEAN LIGHT FIXTURES
- ☐ WASH CURTAINS OR BLINDS
- ☐ VACUUM FURNITURE AND UPHOLSTERY
- ☐ DUST BASEBOARDS AND DOOR FRAMES
- ☐ WIPE DOWN BASEBOARDS
- ☐ CLEAN VENTS AND AIR RETURNS
- ☐ POLISH WOOD FURNITURE
- ☐ CLEAN AND ORGANIZE CLOSETS

Utilize bullet points para destacar passos ou itens-chave.

- **DISCOVERY CALL**
  Dive into an enlightening conversation where we uncover your desires and define the aspirations that will shape your personal roadmap to success.

- **PERSONALIZED PLAN CREATION**
  Tailored just for you, this plan acts as a compass, guiding you towards your north star, mapping out the paths to reach your personal and professional summits.

- **IMPLEMENTATION**
  It's time to hit the road! With your custom plan in hand, we venture forth, turning those vibrant dreams into tangible actions, one step at a time.

- **PROGRESS TRACKING**
  As you journey, we keep track of the milestones reached and the vistas conquered, always ready to adapt and forge new paths to ensure continual growth.

- **ACHIEVEMENT & CELEBRATION**
  Reaching your destination is a cause for celebration! Together, we'll honor the efforts, the growth, and the splendid new horizons that await you.

7. **Seja direto e objetivo**

Evite rodeios e vá direto ao ponto. Isso economiza o tempo do leitor e garante que a mensagem central seja captada rapidamente. Corte informações irrelevantes que possam confundir ou desviar a atenção do leitor.

8. **Explique termos complexos**

Se o uso de termos técnicos for inevitável, explique-os imediatamente de forma clara. Use exemplos práticos ou comparações que facilitem o entendimento.

9. **Utilize de formatação adequada**

Destaque informações importantes em negrito, use espaçamentos claros entre parágrafos e aplique fontes legíveis.

O uso de imagens, gráficos ou tabelas pode ajudar a ilustrar pontos difíceis.

10. **Revise e simplifique**

Leia o texto com os olhos de quem não conhece o assunto e pergunte-se: "É fácil de entender?".

Se possível, peça que outra pessoa revise o texto para garantir que está claro e compreensível.

Elimine palavras desnecessárias e reescreva frases confusas.

> **Seguindo esses passos, a comunicação por meio de linguagem simples se torna mais clara, acessível e eficaz, ajudando a garantir que o público compreenda plenamente a mensagem.**

Aqui estão alguns exemplos práticos de antes e depois da aplicação da Linguagem Simples. Eles mostram como transformar textos complexos em versões mais claras e acessíveis:

Exemplo 1: Termos Jurídicos em Contrato

ORIGINAL

"Fica convencionado entre as partes que, consoante o disposto no artigo 482 da

Consolidação das Leis do Trabalho, o inadimplemento por parte do contratado ensejará

a rescisão contratual por justa causa, sem prejuízo das penalidades cabíveis."

COM LINGUAGEM SIMPLES

"Se o funcionário não cumprir suas obrigações, o contrato poderá ser encerrado com

justa causa, de acordo com a lei trabalhista."

ORIGINAL

"Considerando- se o teor do inciso IV do artigo 479 da Consolidação das Leis do Trabalho,

caso haja extinção do contrato de trabalho antes do prazo estipulado, a parte que der

causa responderá pelas deliberações previstas na lei."

COM LINGUAGEM SIMPLES

"Se o contrato de trabalho for encerrado antes do prazo, quem causar o fim do contrato

será responsável pelas decisões legais."

Exemplo 2: Comunicado Oficial

ORIGINAL

"Informamos que o serviço de atendimento ao público será temporariamente

interrompido em virtude da realização de manutenção programada, de acordo com a

portaria nº 123/2022, a partir de 15 de março do corrente ano."

COM LINGUAGEM SIMPLES

"O atendimento ao público será interrompido para manutenção a partir de 15 de março."

ORIGINAL

"Informamos que, em virtude de problemas técnicos, o sistema de acesso ao portal

institucional ficará indisponível por prazo indeterminado, conforme determinação do

departamento de TI."

COM LINGUAGEM SIMPLES

"Devido a problemas técnicos, o acesso ao portal ficará fora do ar por tempo indeterminado."

Exemplo 3: Texto sobre meio ambiente

ORIGINAL

A preservação do meio ambiente é um dos maiores desafios enfrentados pela sociedade contemporânea. Nos últimos séculos, o desenvolvimento econômico e o avanço tecnológico trouxeram inúmeros benefícios, como a melhoria das condições de vida e o aumento da expectativa de vida. No entanto, esses avanços também resultaram em impactos ambientais significativos, como o desmatamento, a poluição dos oceanos e a emissão de gases de efeito estufa.

As mudanças climáticas, em particular, se tornaram uma questão central no debate global sobre sustentabilidade. O aquecimento global, causado em grande parte pela emissão descontrolada de dióxido de carbono e outros gases poluentes, tem provocado fenômenos como o derretimento das calotas polares, o aumento do nível dos oceanos e a intensificação de eventos climáticos extremos, como furacões e secas prolongadas.

Nesse contexto, a ação coletiva é fundamental. Governos devem implementar políticas públicas que incentivem o uso de energias renováveis e a conservação dos recursos naturais. As empresas precisam rever seus modelos de produção para reduzir sua pegada de carbono e minimizar os danos ambientais. Além disso, é necessário que a população adote hábitos de consumo consciente, valorizando produtos que respeitem o meio ambiente e praticando a reciclagem.

A educação ambiental também desempenha um papel crucial nesse processo. É essencial que as novas gerações sejam conscientizadas desde cedo sobre a importância da sustentabilidade e das práticas ecológicas, a fim de garantir que o futuro do planeta esteja em boas mãos. Somente com o engajamento de todos os setores da sociedade será possível frear os danos ao meio ambiente e promover um desenvolvimento que seja verdadeiramente sustentável.

COM LINGUAGEM SIMPLES

Cuidar do meio ambiente é um dos maiores desafios que temos hoje. Nos últimos tempos, o progresso da humanidade trouxe várias coisas boas, como a melhora na saúde e mais conforto para as pessoas. Mas, junto com esses benefícios, também vieram problemas sérios para a natureza, como a destruição de florestas, a poluição dos mares e o aumento dos gases que esquentam o planeta.

O aquecimento global, que acontece por causa da poluição, é um dos maiores problemas do momento. Ele está fazendo com que as geleiras derretam, os oceanos fiquem mais altos e os desastres naturais, como tempestades fortes e secas, aconteçam com mais frequência.

Para resolver isso, é importante que todos ajudem. Os governos precisam criar leis para incentivar o uso de energias limpas, como a energia solar e eólica, e cuidar melhor dos nossos recursos naturais. As empresas também devem pensar em maneiras de produzir sem prejudicar tanto o meio ambiente. E as pessoas, como nós, precisam mudar nossos hábitos. Isso pode ser feito comprando produtos que respeitam o meio ambiente, reciclando e gastando menos energia.

Além disso, ensinar as crianças desde cedo sobre a importância de cuidar do meio ambiente é fundamental. Elas precisam entender que cuidar da Terra hoje é garantir um futuro melhor para todos. Se todos fizerem sua parte, ainda há tempo de salvar o planeta e permitir que as próximas gerações vivam em um mundo saudável e sustentável.

Ao adaptar o texto original para uma linguagem simples, foram feitas várias mudanças com o objetivo de facilitar a compreensão e torná-lo mais acessível para um público mais amplo. Aqui estão as principais melhorias realizadas:

1 Simplificação do vocabulário

No texto original, algumas palavras mais técnicas e complexas foram substituídas por termos mais fáceis de entender. Por exemplo:

- "**Desenvolvimento econômico**" foi simplificado para "**progresso da humanidade**".

- "**Emissão de gases de efeito estufa**" foi trocado por "**gases que esquentam o planeta**".

- "**Fenômenos climáticos extremos**" virou "**desastres naturais, como tempestades fortes e secas**".

Essa mudança facilita a compreensão do conteúdo, especialmente para quem não está familiarizado com termos técnicos sobre meio ambiente e sustentabilidade.

2 Frases mais curtas e diretas

No texto original, algumas frases eram longas e incluíam várias ideias complexas em uma única sentença. Na versão com linguagem simples, essas frases foram encurtadas e divididas, tornando-as mais diretas. Por exemplo:

- **No texto original:** "O aquecimento global, causado em grande parte pela emissão descontrolada de dióxido de carbono e outros gases poluentes, tem provocado fenômenos como o derretimento das calotas polares, o aumento do nível dos oceanos e a intensificação de eventos climáticos extremos, como furacões e secas prolongadas."

No texto simples: "O aquecimento global, que acontece por causa da poluição, é um dos maiores problemas do momento. Ele está fazendo com que as geleiras derretam, os oceanos fiquem mais altos e os desastres naturais, como tempestades fortes e secas, aconteçam com mais frequência."

Essa mudança torna a leitura mais leve e evita que o leitor se perca em frases muito longas.

3 Uso de exemplos e comparações

No texto simplificado, houve maior uso de exemplos e comparações concretas para ilustrar melhor os pontos discutidos. Isso ajuda a criar uma conexão mais prática com o leitor. Em vez de mencionar apenas "desmatamento" ou "poluição dos oceanos", o texto simples relaciona diretamente esses problemas com coisas como florestas e mares, o que facilita a visualização do impacto ambiental.

4 Tonalidade mais agradável

No texto com linguagem simples, o tom é mais próximo do cotidiano e menos técnico. Isso deixa a mensagem mais acolhedora e inclusiva. Por exemplo:

Texto original: "A educação ambiental também desempenha um papel crucial nesse processo."

Texto simples: "Além disso, ensinar as crianças desde cedo sobre a importância de cuidar do meio ambiente é fundamental."

Esse ajuste faz com que a mensagem soe mais natural, eliminando a sensação de distanciamento e formalidade que o texto técnico pode transmitir.

5 Organização e clareza

No texto simples, a ordem dos tópicos e a apresentação das ideias são organizadas de maneira clara, com uma sequência lógica. Cada parágrafo aborda um ponto de maneira direta, como:

- Problemas ambientais causados pelo progresso.
- Consequências do aquecimento global.
- Soluções que envolvem governos, empresas e indivíduos.
- Importância da educação ambiental.

A estrutura linear facilita a leitura, e o uso de frases curtas e bem conectadas torna o texto mais fluido e menos denso.

6 Foco na ação individual

No texto simples, há uma ênfase maior em como cada pessoa pode contribuir para a solução dos problemas ambientais. Enquanto o texto formal menciona políticas públicas e responsabilidades das empresas, o texto simplificado fala diretamente com o leitor, incentivando ações práticas no dia a dia, como reciclagem e consumo consciente. Por exemplo:

Texto formal: "Governos devem implementar políticas públicas que incentivem o uso de energias renováveis e a conservação dos recursos naturais."

Texto simples: "Os governos precisam criar leis para incentivar o uso de energias limpas, como a energia solar e eólica, e cuidar melhor dos nossos recursos naturais."

Essa mudança cria uma conexão mais pessoal, fazendo com que o leitor se sinta mais envolvido.

Assim, conclui-se que as melhorias aplicadas ao texto simplificado tornam a mensagem mais acessível, didática e envolvente, sem perder o foco no tema central. Ao usar vocabulário mais simples, frases mais curtas, exemplos práticos e um tom amigável, o texto atinge um público mais amplo, incluindo aqueles que podem não ter familiaridade com o assunto, mas que podem se engajar e agir para a proteção do planeta.

04 A IMPORTÂNCIA DA SUA APLICABILIDADE

A linguagem simples vem ganhando espaço em diversos setores, e sua aplicabilidade se torna cada vez mais indispensável, principalmente na administração pública, nos serviços essenciais e na comunicação corporativa. Mais do que uma técnica, ela é uma maneira de colocar o público no centro da comunicação, garantindo que qualquer pessoa, independentemente de sua formação, possa acessar e entender informações importantes. A linguagem simples transforma barreiras em pontes e abre um caminho direto para o entendimento.

Quando instituições e empresas adotam essa abordagem, todos saem ganhando. Para o cidadão que busca por serviços públicos, por exemplo, ela oferece a possibilidade de entender plenamente seus direitos e deveres, sem o desgaste de interpretar frases longas e jargões técnicos. Nos serviços essenciais, como saúde e segurança, a clareza na comunicação pode até salvar vidas, pois permite que as pessoas ajam de maneira informada e segura em situações decisivas. Na comunicação corporativa, a linguagem simples fortalece a confiança entre empresa e cliente, evitando mal-entendidos e reforçando a transparência e o compromisso com o consumidor.

Os benefícios de aplicar a linguagem simples são muitos: além de melhorar a experiência do usuário, ela reduz o tempo de leitura, diminui a necessidade de esclarecimentos e torna os processos mais ágeis e eficientes. Além disso, ela promove a inclusão e o respeito à diversidade de entendimento, valorizando a clareza e aproximando as pessoas da informação. Esse movimento, que parece sutil, tem um impacto transformador, pois torna a comunicação mais humana, acessível e empática.

1 Inclusão e acesso à informação

Um dos principais benefícios da linguagem simples é a **promoção da inclusão social**. Muitas vezes, a população não consegue acessar serviços públicos ou compreender informações importantes por causa da linguagem complexa empregada nos comunicados. Isso impede que as pessoas saibam como usar os serviços a que têm direito, criando barreiras que afetam principalmente aqueles com menos familiaridade com termos técnicos ou jurídicos. Simplificar a comunicação facilita o acesso aos direitos e aos serviços essenciais, promovendo maior inclusão e garantindo que mais pessoas possam utilizar plenamente os recursos oferecidos pelo governo.

2 Redução da burocracia

A linguagem simples também desempenha um papel importante na redução da burocracia. Um estudo realizado em 2017 pela Fiesp e IPSOS Public Affairs revelou que **84% da população** (entre empresas e cidadãos comuns) considera a administração pública brasileira excessivamente burocrática. A simplificação da linguagem foi apontada como uma das principais maneiras de mitigar esse problema. Documentos governamentais, frequentemente escritos de maneira complexa, tornam o entendimento mais difícil e prolongam os processos burocráticos. A aplicação de uma comunicação mais clara e direta facilita a interpretação dos documentos e reduz o tempo gasto por servidores e cidadãos em cada processo, promovendo um funcionamento mais eficiente.

3 Melhoria da relação entre governo e cidadãos

Quando o governo utiliza uma linguagem excessivamente complexa, a comunicação deixa de ser apenas um meio de transmissão de informações e se torna um **obstáculo**. Isso afeta tanto os servidores quanto a população, que passam mais tempo tentando entender as mensagens do que efetivamente agindo sobre elas. Como resultado, a população passa a enxergar o governo como algo distante e inacessível. Ao adotar a linguagem simples, o governo se aproxima dos cidadãos, tornando suas ações e decisões mais compreensíveis e acessíveis. Isso fortalece a confiança da população nas instituições públicas e melhora a relação entre o Estado e os cidadãos.

4 Transparência e responsabilidade

A transparência é outra área em que a linguagem simples traz enormes benefícios. Em muitos casos, a complexidade na linguagem é percebida como uma tentativa de esconder ou dificultar a compreensão de informações importantes. Documentos confusos e normas excessivamente técnicas prejudicam tanto o entendimento por parte da população quanto o trabalho dos servidores públicos, que passam mais tempo interpretando processos do que executando suas tarefas diárias. **A simplificação da linguagem** permite que todos, tanto servidores quanto cidadãos, compreendam mais facilmente as informações e procedimentos, promovendo maior agilidade no trabalho cotidiano e reduzindo o uso desnecessário de recursos públicos.

5 Eficiência no setor privado

No setor privado, a linguagem simples também pode melhorar a **eficiência operacional** e a **satisfação do cliente.** Assim como no governo, as empresas que adotam uma comunicação clara e objetiva conseguem reduzir a complexidade em manuais, contratos e comunicações internas, evitando mal-entendidos e minimizando o tempo gasto na interpretação de documentos. Isso resulta em menor número de problemas e maior fluidez nos processos, beneficiando tanto a empresa quanto seus clientes.

6 Educação e cidadania

A aplicação da linguagem simples também é crucial na educação e no fortalecimento da cidadania. Quando as pessoas conseguem entender plenamente informações sobre seus direitos, deveres e serviços disponíveis, elas têm mais ferramentas para tomar decisões conscientes e exercer sua cidadania de maneira ativa. Isso é particularmente importante em um contexto no qual a burocracia e a linguagem complexa são vistas como obstáculos para a participação social.

A linguagem simples é uma solução eficaz para enfrentar diversos desafios da comunicação, tanto no setor público quanto no privado Sua aplicabilidade ajuda a reduzir a burocracia, promove maior inclusão social e melhora a relação entre governo e cidadãos. Ao eliminar as barreiras criadas por uma comunicação complexa, a linguagem simples torna os serviços públicos e as informações mais acessíveis, fortalecendo a transparência e a confiança da população nas instituições. Em resumo, adotar uma linguagem simples não é apenas uma questão de eficiência, mas uma necessidade para garantir que a comunicação seja verdadeiramente acessível e compreensível para todos.

05 A LINGUAGEM SIMPLES E O MUNDO JURÍDICO

A linguagem simples tem ganhado destaque em diversos setores, como saúde, serviços financeiros e até mesmo na comunicação governamental, mas seu impacto no mundo jurídico é especialmente relevante. Tradicionalmente, o direito é caracterizado por um vocabulário técnico e formal, o que torna os textos jurídicos difíceis de entender para a maior parte da população. Um estudo realizado pelo Conselho Nacional de Justiça (CNJ) apontou que apenas 28% da população brasileira compreende plenamente a linguagem jurídica utilizada em sentenças e decisões judiciais. Isso revela uma barreira significativa no acesso à justiça, pois muitos cidadãos não conseguem entender claramente os direitos, deveres e consequências das decisões judiciais que afetam suas vidas.

No entanto, a adoção de uma linguagem mais clara e acessível no meio jurídico é essencial para garantir que todos, independentemente de seu nível de conhecimento, possam compreender seus direitos e as implicações legais de suas ações. O movimento de *Legal Design*, por exemplo, promove o uso de técnicas de design e simplificação da linguagem para tornar os documentos jurídicos mais acessíveis. Além disso, países como o Reino Unido e os Estados Unidos têm liderado iniciativas para implementar *Plain Language* em seus sistemas judiciais, com leis como o *Plain Writing Act* de 2010, nos Estados Unidos, exigindo que órgãos governamentais usem linguagem simples em documentos públicos.

Essas iniciativas demonstram que a linguagem jurídica não precisa ser impenetrável. Na verdade, ao torná-la mais acessível, promovemos um sistema de justiça mais transparente e eficaz, que possibilita a participação ativa dos cidadãos e reduz a dependência de intermediários para interpretar textos legais. Ao simplificar contratos, sentenças e termos de uso, por exemplo, cidadãos conseguem entender melhor as consequências das suas escolhas, fortalecendo a confiança no sistema judicial.

A urgência dessa mudança fica clara quando observamos dados de pesquisa como a do Instituto Datafolha de 2022, que indicou que 58% dos brasileiros não têm um entendimento básico de como interpretar documentos legais. Esse número reflete a necessidade urgente de uma reforma na comunicação jurídica, não apenas para tornar o sistema mais eficiente, mas para garantir que os cidadãos possam exercer plenamente seus direitos.

O problema da linguagem jurídica complexa

A linguagem jurídica tradicional, com seu vocabulário específico, estruturas gramaticais complexas e estilo excessivamente formal, construiu um verdadeiro labirinto de palavras que muitas vezes afasta a população da compreensão plena de seus direitos. Advogados, juízes e demais operadores do direito, acostumados a esse jargão, navegam com desenvoltura por esses textos, mas para o cidadão comum, eles podem soar tão herméticos quanto um idioma estrangeiro. Contratos, sentenças, leis e demais documentos legais exigem um nível de entendimento técnico elevado, o que pode gerar sentimentos de frustração e, em muitos casos, desconfiança sobre os próprios direitos e deveres. Em um contexto onde a clareza é essencial, a comunicação opaca é um obstáculo que compromete a relação entre o judiciário e a sociedade.

A complexidade da linguagem jurídica vai além dos cidadãos comuns: ela também impacta advogados menos experientes, que ainda estão se familiarizando com o jargão, e servidores públicos que dependem dessa comunicação para realizar seu trabalho de forma eficaz. Quando os textos jurídicos são difíceis de entender, até mesmo esses profissionais encontram desafios na interpretação precisa e na aplicação das normas. Essa barreira linguística pode dificultar a cooperação entre diferentes setores e, por consequência, a eficiência do sistema jurídico como um todo.

Além disso, decisões judiciais e contratos redigidos de forma pouco clara abrem portas para múltiplas interpretações, o que frequentemente resulta em litígios e disputas desnecessárias. Um estudo realizado pela Associação Brasileira de Direito Comparado apontou que 65% dos processos judiciais poderiam ser evitados se a comunicação inicial dos termos e condições fosse redigida de forma mais clara. Ou seja, a complexidade do discurso jurídico não apenas distancia o cidadão da compreensão de seus direitos, mas também sobrecarrega o judiciário com casos que poderiam ser resolvidos desde o início.

Por isso, a transição para uma linguagem mais simples e acessível não é apenas uma tendência, mas uma necessidade para um sistema jurídico mais inclusivo e eficiente. Ao utilizar uma comunicação direta e objetiva, os profissionais do direito não apenas promovem um ambiente mais transparente e acolhedor, mas também reafirmam seu compromisso com a justiça social. A linguagem simples é uma ferramenta poderosa que permite que o direito alcance verdadeiramente sua função essencial: a de proteger e empoderar todos os cidadãos, independente de sua formação ou entendimento técnico. Em um mundo onde a informação é cada vez mais abundante e rápida, a clareza se torna um recurso valioso. Optar por uma linguagem jurídica mais clara e direta é mais do que simplificar um texto; é um ato de respeito ao tempo e à inteligência de cada pessoa que busca entender seus direitos e deveres. Ao adotar essa abordagem, o sistema jurídico se torna mais acessível, mais justo e, em última análise, mais humano.

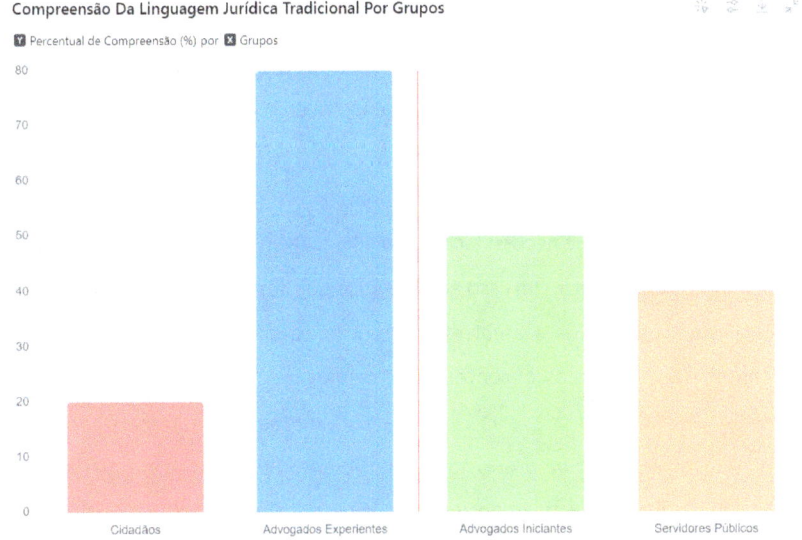

A importância de simplificar a escrita no direito

A simplificação da escrita no mundo jurídico é uma inovação que desafia séculos de tradição. Desde as primeiras codificações das leis, o direito sempre foi envolto em uma linguagem técnica e formal que buscava precisão, mas que, muitas vezes, acabava excluindo o cidadão comum. Na Grécia Antiga, por exemplo, as leis eram inicialmente transmitidas oralmente, ficando a interpretação a cargo dos eruditos e sacerdotes. Com o tempo, essas normas começaram a ser escritas, mas continuaram sendo de difícil acesso para a população. A linguagem jurídica, com seu vocabulário específico e complexidade, tornou-se uma ferramenta de poder, mantendo o conhecimento nas mãos de poucos e restringindo o entendimento da lei a uma pequena elite.

Foi apenas no século XVIII, com o Iluminismo, que surgiram os primeiros esforços para tornar o direito mais acessível. Filósofos e juristas começaram a questionar o uso de uma linguagem obscura que afastava o cidadão de seus próprios direitos. Esse movimento ganhou força no século XX, especialmente após a Declaração Universal dos Direitos Humanos, que consagrou o direito de todos ao conhecimento e ao acesso à justiça. Desde então, muitos países passaram a adotar o princípio da transparência e clareza na comunicação, mas a tradição da linguagem técnica ainda permanece forte.

Hoje, em pleno século XXI, a necessidade de uma linguagem jurídica simples e acessível se torna ainda mais evidente. Um caso emblemático que ilustra essa necessidade é o de Erin Brockovich, uma ativista ambiental americana que, na década de 1990, foi fundamental em um processo contra uma empresa de energia responsável por contaminar a água de uma cidade na Califórnia. Erin, que não tinha formação jurídica e inicialmente trabalhava como arquivista em um escritório de advocacia, descobriu a gravidade do problema ao estudar documentos legais densos e complexos. Graças à sua persistência, ela conseguiu interpretar e simplificar as informações contidas nos documentos, tornando a questão compreensível para a população afetada. O caso resultou em uma das maiores indenizações já pagas nos Estados Unidos por danos ambientais.

Esse exemplo destaca como a linguagem simples e a clareza na comunicação podem ser ferramentas poderosas de transformação e justiça. Erin Brockovich precisou decodificar um sistema que parecia impenetrável para poder ajudar aqueles que mais precisavam, pessoas que dificilmente teriam acesso a uma compreensão plena de seus direitos sem esse apoio. Se, naquela época, os documentos legais tivessem sido redigidos de forma clara e direta, talvez muitos dos afetados tivessem tido a capacidade de entender e agir mais rapidamente.

A simplificação do texto jurídico vai muito além de uma tendência: ela é uma resposta a uma sociedade que exige mais transparência e inclusão. Quando textos legais são redigidos de maneira clara, direta e acessível, todos – desde advogados e juízes até cidadãos comuns – conseguem entender melhor as implicações de cada documento. Isso não significa distorcer ou diluir o conteúdo jurídico, mas sim apresentá-lo de forma transparente e compreensível. Esse movimento de simplificação traz benefícios diretos: os cidadãos se sentem mais seguros para tomar decisões informadas e participar ativamente de seus processos, promovendo um verdadeiro acesso à justiça.

A clareza na comunicação jurídica também reduz a dependência de intermediários e diminui o risco de interpretações errôneas. Quando o sistema jurídico opta por uma linguagem clara e acessível, ele se aproxima da realidade da população e permite que mais pessoas compreendam, exerçam e defendam seus direitos de forma autônoma. Isso é particularmente importante em casos que envolvem grupos vulneráveis, para os quais a complexidade dos textos legais pode ser um obstáculo insuperável.

Com a implementação contínua de uma linguagem simples e acessível, o sistema jurídico torna-se mais inclusivo e humanizado. As palavras, antes vistas como barreiras, tornam-se pontes que conectam o cidadão ao seu direito, fortalecendo a confiança na justiça. A adaptação da linguagem jurídica para atender a uma sociedade diversa e plural é um passo decisivo em direção a um futuro onde a justiça é, de fato, para todos – uma justiça que acolhe, respeita e empodera cada cidadão em sua singularidade.

Transparência e confiança no Sistema Jurídico

A transparência é um valor fundamental em qualquer sistema jurídico, e a adoção da linguagem simples ajuda a promover esse princípio. Quando os textos jurídicos são claros, o sistema de justiça se torna mais acessível e compreensível para a população, o que fortalece a confiança nas instituições. Decisões judiciais claras e bem explicadas ajudam a diminuir a sensação de injustiça e a falta de transparência que muitas vezes existe no mundo jurídico.

Um levantamento feito pela *Instituto DataSenado* em 2021 revelou que **72% dos brasileiros acreditam que as leis e decisões judiciais são difíceis de entender**. Isso gera uma desconfiança no sistema de justiça, com muitos cidadãos não se sentindo aptos a defender seus direitos ou compreender as implicações das decisões que os afetam. A linguagem jurídica rebuscada contribui para essa sensação de opacidade e exclusão, dificultando a plena participação da população na vida cívica.

Além disso, a linguagem simples também pode ajudar a reduzir a litigiosidade. Um estudo conduzido pela *Law and Society Association* nos Estados Unidos constatou que **acordos e contratos redigidos de forma clara têm 50% menos chance de gerar disputas jurídicas**. A clareza nas cláusulas evita mal-entendidos e previne que questões contratuais sejam levadas aos tribunais. Com menos espaço para interpretações ambíguas, as partes envolvidas tendem a cumprir melhor suas obrigações e recorrer menos ao judiciário para resolver conflitos.

Essa redução na litigiosidade não só beneficia as partes envolvidas, evitando longas e custosas disputas, mas também alivia a carga sobre o sistema judicial. Um exemplo concreto desse impacto é o relatório do *World Justice Project* de 2020, que demonstrou que sistemas judiciais que promovem a linguagem simples e a acessibilidade jurídica, como os países nórdicos, apresentam **índices de confiança pública superiores a 80%**, além de uma redução significativa no número de litígios per capita.

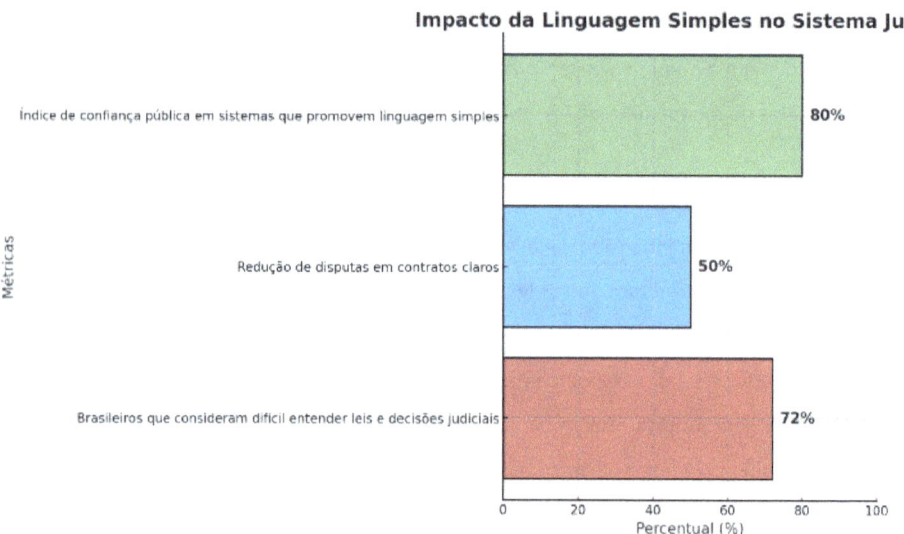

Esses dados ilustram como a adoção de uma linguagem mais simples e clara pode transformar o sistema de justiça em uma ferramenta mais eficaz e acessível para todos.

O papel dos advogados e magistrados

Os advogados e magistrados desempenham um papel essencial na construção de uma justiça mais acessível por meio da adoção da linguagem simples no ambiente jurídico. São esses profissionais que têm o poder de traduzir o arcabouço legal de maneira compreensível, rompendo com uma tradição de complexidade linguística que, por séculos, separou o direito do cidadão comum. Historicamente, o setor jurídico utilizou termos técnicos e jargões que, embora precisos para a prática profissional, muitas vezes erguem uma barreira ao entendimento popular de leis, contratos e decisões. Mas a boa notícia é que essa realidade está mudando. A aplicação de uma comunicação clara e direta no direito não é apenas desejável; é cada vez mais reconhecida como essencial.

Estudos recentes com magistrados reforçam esse movimento. Uma pesquisa realizada pelo Instituto de Pesquisa Econômica Aplicada (IPEA) apontou que 76% dos juízes entrevistados reconhecem a importância da linguagem simples para a acessibilidade e transparência na justiça. Muitos deles relataram que o uso de uma linguagem clara contribui para a confiança no sistema judicial, ajudando a reduzir a sensação de alienação do cidadão frente ao poder judiciário. Outra pesquisa realizada pela Escola Nacional de Formação e Aperfeiçoamento de Magistrados (ENFAM) revelou que 82% dos magistrados veem a linguagem simples como um meio de evitar interpretações errôneas e, assim, reduzir o número de recursos e litígios desnecessários.

A crescente conscientização dos profissionais de direito sobre o impacto de uma linguagem mais direta e acessível revela uma transformação de valores. Para muitos, aplicar a linguagem simples significa mais do que facilitar a compreensão; é um compromisso ético de garantir que todos possam entender e exercer plenamente seus direitos. No ambiente dos tribunais, a adoção de uma comunicação mais clara já começa a ser vista como uma ferramenta para fortalecer o relacionamento entre a justiça e a sociedade, permitindo que as decisões judiciais sejam acessíveis em seu conteúdo e propósito, aproximando o direito de sua função social.

A incorporação de uma linguagem mais compreensível representa, para os advogados e magistrados, a oportunidade de renovar o compromisso com a justiça de maneira inclusiva. Para os cidadãos, significa acesso facilitado ao entendimento de termos que impactam diretamente sua vida e direitos. Com a implementação contínua desse movimento, estamos cada vez mais próximos de uma justiça onde a clareza é a base da confiança e do respeito mútuo.

O Papel dos Advogados na Linguagem Simples

Os advogados, especialmente aqueles que atuam diretamente com clientes, precisam traduzir o conteúdo jurídico de forma compreensível. Isso inclui a redação de contratos, petições e orientações que ajudem seus clientes a entender o processo em que estão envolvidos, evitando mal-entendidos e aumentando a confiança. Algumas áreas de atuação em que os advogados já vêm aplicando a linguagem simples incluem:

- **Contratos empresariais e comerciais**: Muitos advogados estão reformulando contratos com cláusulas menos complicadas para evitar disputas futuras. Pesquisas indicam que contratos escritos de forma clara têm **50% menos probabilidade de gerar litígios**, como demonstrado em estudos da *Law and Society Association*.

- **Consultoria jurídica preventiva**: O uso de linguagem simples ajuda advogados a comunicar de forma eficaz os riscos legais para seus clientes, possibilitando a tomada de decisões informadas. Isso reduz a necessidade de futuras disputas judiciais, o que resulta em economia de tempo e custos.

O Papel dos Magistrados na Linguagem Simples

Magistrados, por sua vez, têm a responsabilidade de redigir sentenças e decisões claras. Um dos maiores desafios no judiciário é a complexidade das decisões, que muitas vezes são inacessíveis ao cidadão comum. A linguagem simples pode ajudar a tornar as decisões judiciais mais transparentes, contribuindo para a efetivação da justiça.

Pesquisas no Reino Unido mostraram que decisões judiciais mais claras têm impacto direto na percepção de justiça, pois os envolvidos no processo sentem-se mais seguros e informados sobre o teor da decisão. O *Plain English Campaign* destacou que **decisões mais claras melhoram em até 60% a compreensão dos envolvidos**, especialmente em casos de litígios civis e familiares.

Adoção Didática e Educacional

A implementação da linguagem simples no meio jurídico também depende de uma reformulação na forma como o direito é ensinado. Instituições de ensino jurídico têm reconhecido a necessidade de formar advogados e magistrados que saibam comunicar-se de forma clara e acessível. Isso tem levado a:

- **Cursos e Capacitações**: Diversas faculdades de direito, tanto no Brasil quanto no exterior, têm incorporado disciplinas focadas em *Legal Design* e comunicação acessível. Essas disciplinas ensinam os futuros advogados e juízes a redigir documentos legais e a se comunicar de maneira que facilite o entendimento, sem comprometer a precisão técnica.

- **Capacitação de Magistrados e Servidores Públicos**: A Escola Nacional de Formação e Aperfeiçoamento de Magistrados (ENFAM), no Brasil, tem promovido cursos voltados para magistrados que visam aprimorar as habilidades de redação clara. O objetivo é formar juízes mais aptos a comunicar suas decisões de forma compreensível para todos os envolvidos.

Exemplo Real: O Caso do "Luva de Pedreiro"

Um exemplo recente que ilustra a importância da linguagem clara no meio jurídico foi o **caso do influenciador digital "Luva de Pedreiro"**. O influenciador assinou um contrato com cláusulas complexas e ambíguas, o que o levou a uma situação de litígio com a empresa de gerenciamento de sua carreira. A falta de clareza nas cláusulas contratuais gerou mal-entendidos quanto aos seus direitos e deveres, resultando em uma disputa judicial.

Após a intervenção de advogados, que reformularam os contratos e tornaram as cláusulas mais simples e transparentes, o influenciador teve uma melhor compreensão de seus direitos e conseguiu resolver a questão de forma mais rápida e eficiente. Esse caso ilustra como a falta de linguagem clara pode prejudicar tanto profissionais quanto seus clientes, e como a reformulação dos documentos legais com foco em simplicidade é crucial.

Dados e Impacto

De acordo com uma pesquisa realizada pela *American Bar Association (ABA)*, **70% dos consumidores de serviços jurídicos** relatam que não entendem completamente os termos dos contratos que assinam. Esse dado reforça a necessidade de uma abordagem mais acessível e transparente por parte dos advogados e magistrados.

Além disso, o *World Justice Project* apontou que em países onde a linguagem simples é amplamente adotada, como os países nórdicos, a confiança no sistema judicial é de **80% a 85%**, comparado a índices significativamente menores em países onde a comunicação legal é mais densa e complexa.

A iniciativa de simplificação legislativa

Em vários países, já existem iniciativas voltadas para a simplificação das leis e da comunicação jurídica. O objetivo é tornar os textos legislativos e jurídicos mais acessíveis ao cidadão comum, facilitando sua compreensão e aplicação. No Brasil, a adoção da linguagem simples é apontada como uma maneira de reduzir a burocracia e tornar a justiça mais acessível. Essa tendência reflete a necessidade crescente de um sistema jurídico mais próximo da população e menos elitizado, onde todos possam entender os documentos e decisões que afetam suas vidas.

Exemplos Práticos de Simplificação Jurídica no Brasil

1. Tribunais de Justiça com Sentenças Simplificadas: Alguns tribunais brasileiros estão aplicando a Linguagem Simples em sentenças e decisões judiciais, com o objetivo de facilitar a compreensão dos envolvidos nos processos. Em vez de longos parágrafos e termos técnicos, as sentenças são divididas em objetivas, e o uso de frases curtas ajuda a explicar as decisões. Isso possibilita que o cidadão compreenda melhor o julgamento e as razões que o motivaram, contribuindo para o sentimento de justiça e transparência.

2. Guias de Direitos Trabalhistas Simplificados: A adoção de cartilhas informativas em Linguagem Simples pelo Ministério do Trabalho e Previdência é outro exemplo prático no Brasil. Essas cartilhas abordam temas como direitos trabalhistas e previdenciários, antes restritos a uma linguagem técnica, tornando-os acessíveis a trabalhadores de diferentes formações. Com informações claras e diretas, os cidadãos passam a entender melhor os procedimentos para solicitar benefícios ou resolver conflitos trabalhistas, sem depender exclusivamente de intermediários.

3. Formulários e Informativos em Linguagem Simples: Nos serviços de saúde pública, o uso da Linguagem Simples em formulários e comunicados tem ajudado pacientes a compreenderem orientações médicas e a acessarem serviços de forma mais autônoma. Antes, muitos dos termos usados nos documentos dificultavam a compreensão dos usuários, especialmente a baixa escolaridade. Agora, com informações diretas e visuais complementares, como ícones e gráficos, esses formulários se tornam mais simples de entender, promovendo o acesso à saúde e a inclusão social.

A tendência de simplificar a comunicação jurídica reflete o reconhecimento de que o sistema de justiça deve ser prático e acessível a todos. Ao remover barreiras de linguagem, essas iniciativas promovem um ambiente mais justo, onde os cidadãos não apenas têm acesso aos seus direitos, mas também possuem as informações necessárias para exercê-los adequadamente. A tradução da Linguagem Simples no setor jurídico brasileiro representa, assim, um avanço em direção a uma justiça mais transparente, inclusiva e participativa, onde o direito é uma ferramenta acessível e útil para toda a população.

06 REFERÊNCIAS BIBLIOGRÁFICAS

American Bar Association. Consumer Understanding of Legal Services. Pesquisa sobre o entendimento de serviços jurídicos pelos consumidores. Disponível em: www.americanbar.org.

Cappelletti, Mauro. Acesso à Justiça. Porto Alegre: Fabris, 1988.

Decreto nº 59.067/2019. Institui o Programa Municipal de Linguagem Simples na cidade de São Paulo. Prefeitura de São Paulo. São Paulo, 2019.

Garner, Bryan A. Legal Writing in Plain English: A Text with Exercises. Chicago: University of Chicago Press, 2001.

Guimarães, Luciana Helena Palermo de Almeida. A simplificação da linguagem jurídica como instrumento fundamental de acesso à Justiça. 2012. Disponível em: https://revistas.uepg.br.

Guimarães, Mabel. Legal Design otimiza tempo e reduz custos. Migalhas, 2024. Disponível em: Migalhas.

Instituto de Pesquisa Econômica Aplicada (IPEA). Acesso à Informação no Brasil. Pesquisa realizada sobre a compreensão de documentos oficiais. Brasília, 2020.

Kimble, Joseph. Writing for Dollars, Writing to Please: The Case for Plain Language in Business, Government, and Law. Durham: Carolina Academic Press, 2012.

Law and Society Association. Contract Clarity and Legal Disputes. Estudo sobre a redução de litígios através da simplificação de contratos. Disponível em: www.lawandsociety.org.

Lei nº 17.316/2020. Dispõe sobre a promoção da Linguagem Simples no Município de São Paulo. São Paulo, 2020.

Plain English Campaign. The Importance of Clear Legal Writing. Reino Unido, 2020. Disponível em: www.plainenglish.co.uk.

Redish, Janice C. Letting Go of the Words: Writing Web Content that Works. San Francisco: Morgan Kaufmann, 2007.

World Justice Project. Rule of Law Index 2020. Relatório sobre a confiança no sistema judicial e o impacto da linguagem simples. Disponível em: www.worldjusticeproject.org.

Conheça a Autora

Mabel Guimarães é advogada com vasta experiência em inovação jurídica, linguagem simples e Legal Design. Ao longo de sua carreira, tem se dedicado a tornar a comunicação jurídica mais acessível, promovendo a adoção de práticas que democratizam o conhecimento jurídico e melhoram a relação entre o direito e a sociedade. Sua paixão pela simplicidade na linguagem jurídica surgiu da constatação de que documentos legais complexos muitas vezes afastam o cidadão comum da compreensão de seus direitos e deveres.

Autora de diversos artigos sobre Linguagem Simples e Legal Design, Mabel acredita que o direito deve ser uma ferramenta de inclusão, e não de exclusão. Com esse propósito, tem participado de projetos inovadores que utilizam linguagem clara e elementos visuais para facilitar o entendimento de documentos jurídicos, promovendo a transparência e a eficiência nos processos judiciais e administrativos.

Além de seu trabalho como advogada, também realiza palestras e capacitações sobre Linguagem Simples e Visual Law para advogados, juízes e servidores públicos, colaborando ativamente na modernização da comunicação no sistema jurídico brasileiro.

www.ingramcontent.com/pod-product-compliance
Lightning Source LLC
Chambersburg PA
CBHW070400230526
45471CB00006B/2651